Bear Facts

I0608391

Music and lyrics by Norma L. Gentner

Illustrations by Philip Howe

Oh, did you know,
did you know,
did you know

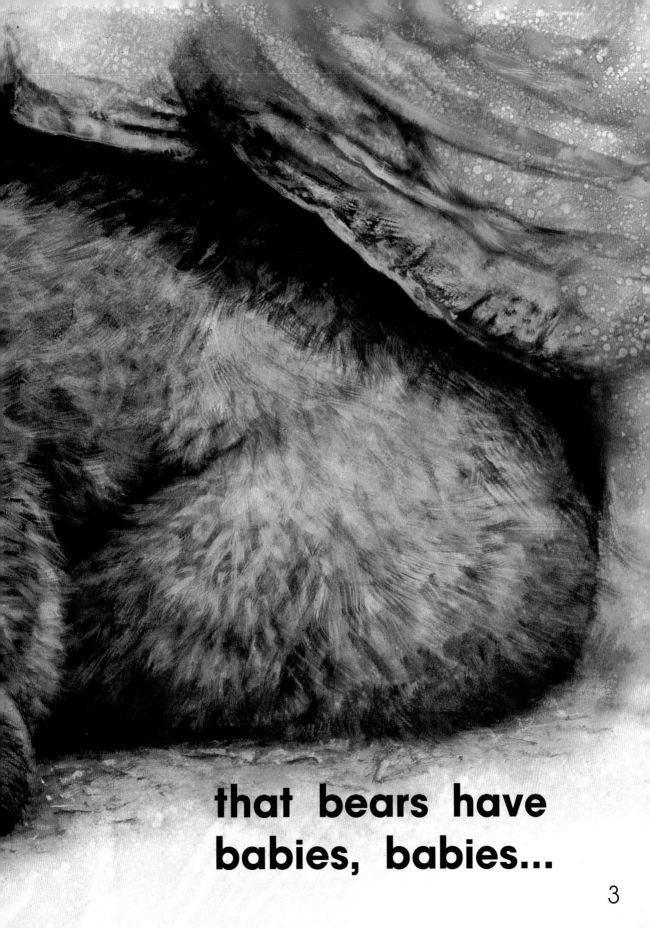

that bears have babies, babies...

inside a den,
inside a den?

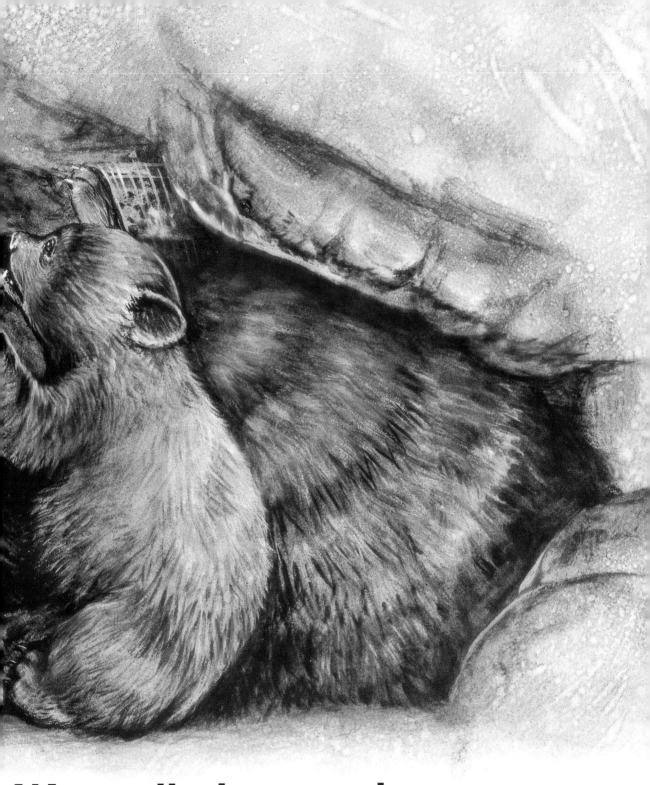

We call them cubs.
We call them cubs.

Oh, did you know,
did you know,
did you know

that bears eat
honey, honey...

**and nuts and fish,
and nuts and fish**

so they get fat,
so they get fat?

Oh, did you know,
did you know,
did you know

**that bears get
furry, furry...**

when leaves fall down,
when leaves fall down

**so they keep warm,
so they keep warm?**

Oh, did you know,
did you know,
did you know
that bears get
sleepy, sleepy...

**when there's no food,
when there's no food?**

They take a nap—
a **really long** nap!